Inhalt

Branchenreport VERSICHERUNGEN Ausgabe 2/2011

GENIOS BranchenWissen Nr. 11 vom 30.11.2011

Branchenreport VERSICHERUNGEN Ausgabe 2/2011

Thomas Trares

Kernthesen

- Die deutsche Versicherungswirtschaft wird 2011 schrumpfen.
- Grund sind die sinkenden Einmalbeiträge in der Lebensversicherung.
- Den Rückversicherern machen die Naturkatastrophen zu Jahresbeginn zu schaffen.
- Europaweit mussten die Gesellschaften hohe Abschreibungen auf Staatsanleihen vornehmen.
- Die Dauerbaustelle der Branche ist die Eigenkapital-Richtlinie Solvency II.

Beitrag

Die Branchenkonjunktur

In der deutschen Versicherungswirtschaft werden 2011 die Beitragseinnahmen um 1,2 Prozent auf 176,7 Milliarden Euro schrumpfen. Dies wäre der erste Rückgang seit Jahrzehnten. Grund ist der Rückgang der Einmalbeiträge in der Lebensversicherung. Nach den außergewöhnlich starken Zuwächsen 2009 und 2010 sieht die Versicherungswirtschaft hier eine Normalisierung des Geschäfts. In der Lebensversicherung gehen die Beiträge insgesamt um 5,7 Prozent auf 85,2 Milliarden Euro zurück. Die Schaden- und Unfallversicherung verzeichnen hingegen ein Plus von 2,5 Prozent, in der privaten Krankenversicherung (PKV) beträgt der Zuwachs 4,9 Prozent. Für 2012 rechnet die Branche mit einer besseren Entwicklung der Beiträge. (1), (2), [Abb. 1]

Die Erstversicherer

Die größten deutschen Erstversicherer sind die Allianz, die Ergo Gruppe, Generali Deutschland und Talanx. Bei dem Marktführer **Allianz**, zugleich größter Versicherer Europas, ist in den ersten neun

Monaten 2011 das operative Ergebnis um 7,3 Prozent auf 1,9 Milliarden Euro geschrumpft. Die Beitragseinnahmen fielen um 1,7 Prozent auf 24,1 Milliarden Euro. Der Rückgang geht ausschließlich auf das Konto der Lebens- und Krankenversicherung. Dagegen konnten das Asset Management und die Schaden- und Unfallsparte Zuwächse verbuchen. Schwach entwickelte sich das Geschäft auf dem Heimatmarkt Deutschland. Zudem wird Finanzvorstand Paul Achleitner die Allianz verlassen. Er ist der zweitwichtigste Mann im Unternehmen. Er entscheidet darüber, wie die rund 450 Milliarden Euro an Kundengeldern an den Kapitalmärkten angelegt werden. (3), (4)

Die **Ergo Versicherungsgruppe** hat im ersten Halbjahr 2011 trotz Abschreibungen auf griechische Staatsanleihen das Konzernergebnis um 8,5 Prozent auf 178 Millionen Euro gesteigert. Die Beitragseinnahmen erhöhten sich um fast ein Prozent auf knapp neun Milliarden Euro. Das Unternehmen zeigte sich mit dem Geschäftsverlauf des zweiten Quartals zufrieden. Der Imageschaden infolge des Sex-Skandals von Budapest hat sich auf das Neugeschäft bisher kaum ausgewirkt. Die inzwischen im Ergo-Konzern aufgegangene Hamburg-Mannheimer hatte für Vertreter eine Sex-Party organisiert und mit Kundengeldern finanziert. Deswegen muss Ergo-Vertriebsvorstand Jürgen Vetter seinen Posten räumen. (8), (9)

Die Versicherungsgruppe **Talanx** hat erstmals Neunmonatszahlen vorgelegt. Damit nähert sich der Konzern den Gepflogenheiten börsennotierter Unternehmen an, was auf einen Börsengang im Jahr 2012 hindeutet. Der drittgrößte deutsche Versicherer hat sich vor allem in der Kapitalanlage gut geschlagen. Zusammen mit einer geringeren Steuerbelastung führte dies dazu, dass das Konzernergebnis um 184 Prozent auf 329 Millionen Euro hochschoss. Die Bruttoprämien erhöhten sich um 3,4 Prozent auf 17,8 Milliarden Euro. Neben der Hannover Rück zählen HDI, HDI-Gerling, Targo Versicherungen, PB Versicherungen, Neue Leben und Ampega-Gerling zur Gruppe. (6)

Generali Deutschland hat den Konzerngewinn in den ersten neun Monaten 2011 stabil bei etwa 300 Millionen Euro gehalten. Für das Gesamtjahr werden zwischen 390 Millionen und 410 Millionen Euro angestrebt. Infolge der Staatsschuldenkrise musste der zweitgrößte deutsche Erstversicherer einen Rückgang seines Kapitalanlageergebnisses um 722 Millionen Euro auf 1,99 Milliarden Euro hinnehmen. Die Beitragseinnahmen lagen in den ersten neun Monaten auf dem Vorjahresniveau von 12,1 Milliarden Euro. Zu der Tochtergesellschaft des italienischen Generali-Konzerns gehören Marken wie Aachen Münchener, Cosmos Direkt und Advocard.

(7)

Bei der **W&W-Gruppe** sind die Beiträge in den ersten neun Monaten 2011 um knapp fünf Prozent auf 2,73 Milliarden Euro gesunken. Der Überschuss ging um etwas mehr als vier Prozent auf 139 Millionen Euro zurück. Das Ziel eines Jahresüberschusses von 180 Millionen Euro wird dennoch beibehalten. Das Management bekräftigte auch das laufende Strategie- und Zukunftsprogramm "W&W 2012", demzufolge der Konzern ab 2012 ein jährliches Ergebnis von 250 Millionen Euro erzielen will. Wegen der Staatsschuldenkrise hat W&W ihre Investments in Portugal, Italien, Irland, Griechenland und Spanien stark abgebaut. (7)

Die öffentlichen Versicherer haben zu Jahresbeginn ein rückläufiges Neugeschäft eingefahren, nachdem sie 2010 noch über alle Sparten hinweg gewachsen sind. Das Prämienaufkommen betrug 2010 knapp 20 Milliarden Euro. Zuletzt kam es innerhalb der Gruppe zu einer Bereinigung der Eigentümerstrukturen. Die **Versicherungskammer Bayern** hatte den Minderheitseignern SV SparkassenVersicherung und SV Sachsen ihre Anteile an der Feuersozietät/ Öffentlichen Leben abkauft. Die Feuersozietät/ Öffentliche Leben war 2004 in eine Schieflage geraten und durch die drei Versicherer übernommen worden. Die bedeutendsten öffentlichen Versicherer sind die Versicherungskammer Bayern, die Provinzial

NordWest, die SV SparkassenVersicherung, die Provinzial Rheinland sowie die Versicherungsgruppe Hannover. (10), (11)

Die zum Genossenschaftslager gehörende **R+V-Versicherung** ist der viertgrößte Versicherer in Deutschland. 2010 sind die Wiesbadener trotz eines leichten Rückgangs im Lebensversicherungsgeschäft weiter gewachsen. Die Beitragseinnahmen stiegen um 5,5 Prozent auf 11,1 Milliarden Euro. Das Ergebnis nach Steuern kletterte um 29 Prozent auf 261 Millionen Euro. Entgegen dem Markttrend wuchs die R+V vor allem in den Kompositsparten, der Kranken- und der Rückversicherung. In das Jahr 2011 ist die R+V besser gekommen als die Branche. Die Beitragseinnahmen kletterten um 4,9 Prozent. (21)

Die Rückversicherer

Den Rückversicherern macht im laufenden Jahr vor allem die Häufung von Naturkatastrophen zu schaffen. Dank eines Gewinns im dritten Quartal lag der Branchenführer **Munich Re** nach neun Monaten mit 80 Millionen Euro in der Gewinnzone. Vor einem Jahr waren es aber noch knapp zwei Milliarden Euro gewesen. Die Beitragseinnahmen stiegen im Vergleich zum Vorjahr um 9,1 Prozent auf 37,1 Milliarden Euro. Neben den Naturkatastrophen belastete vor allem der Kursverfall griechischer Wertpapiere. 933 Millionen musste der Konzern abschreiben. Für das Gesamtjahr 2011 strebt Munich Re weiter schwarze Zahlen an. (12)

Bei dem Konkurrenten **Hannover Rück** läuft es deutlich besser. Nach Steuern verdiente der drittgrößte Rückversicherungskonzern der Welt in den ersten neun Monaten 2011 insgesamt 382 Millionen Euro. Das ist zwar rund ein Drittel weniger als in der Vorjahreszeit, aber deutlich mehr als erwartet und auch deutlich mehr als bei der Munich Re. Im Vergleich zu dem Branchenführer haben die Hannoveraner den Vorteil, dass sie keine griechischen Staatsanleihen halten und kaum noch Aktien besitzen. (13), [Abb. 2]

Die europäischen Versicherer

Die europäischen Versicherer stehen derzeit unter Druck. Die Krise rund um den Euro, die Volatilität an den Finanzmärkten und das anhaltende Niedrigzinsniveau bereiten Kopfzerbrechen, schließlich handelt es sich bei den Versicherungsgesellschaften um große institutionelle Kapitalanleger. An der Börse notiert der europäische Versicherungssektor bei 70 Prozent seines Buchwertes, ein neuer Tiefstand.

Bei dem zweitgrößten Versicherer des Kontinents, der

französischen **Axa**, kostet der Konzernumbau zusätzlich Kraft. Axa will bis 2015 in den Schwellenländern stark wachsen. In den ersten neun Monaten 2011 gingen bei den Franzosen die Einnahmen um 4,8 Prozent auf knapp 66 Milliarden Euro zurück. (15)

Bei der italienischen **Generali**, Europas drittgrößtem Versicherer, läuft es ebenfalls nicht richtig rund. Der Nettogewinn schrumpfte in den ersten neun Monaten um 37 Prozent auf 825 Millionen Euro. Grund dafür waren Wertberichtigungen von 824 Millionen Euro. Davon entfielen 329 Millionen Euro auf griechische Staatsanleihen und 495 Millionen Euro auf Beteiligungen. Insbesondere das Engagement bei Telecom Italia hat Wertberichtigungen von 143 Millionen Euro verursacht. Die Beitragseinnahmen sanken um 4,6 Prozent auf 51,3 Milliarden Euro. (14), [Abb. 3]

Die Versicherer weltweit

Schwer getroffen von der Finanzkrise wurden vor allem die Versicherer in den USA. Dort musste die Regierung den Versicherungskonzern **American International Group (AIG)** stützen, um ein Kollaps des Finanzsystems zu verhindern. Der US-Versicherer tut sich weiter schwer. Im dritten Quartal 2011 lag der Verlust bei 4,1 Milliarden Dollar. Als Grund nannte das Unternehmen den gesunkenen Aktienkurs seiner Asientochter AIA und den Wertverlust bei Flugzeugen seiner Leasingtochter ILFC an sowie gestiegene Katastrophenschäden. AIG hatte bereits im Vorjahreszeitraum einen Verlust von 2,5 Milliarden Dollar eingefahren, war zwischenzeitlich jedoch in die schwarzen Zahlen zurückgekehrt. (16)

Dagegen steht Chinas Versicherungssektor vor dem Sprung auf die internationale Bühne. Seit Wiederbelebung der Versicherungswirtschaft in den achtziger Jahren sind mit Peoples Insurance Company of China (PICC), China Life, China Pacific und Ping An kapitalstarke Versicherer entstanden. Ping An etwa hat ein Prämienaufkommen von umgerechnet 15 Milliarden Euro und erzielt damit ein Nettoergebnis von rund 1,8 Milliarden Euro. Schon vor Jahren hat der Versicherer ausländische Berater engagiert und Investoren wie die US-Investmentbank Goldman Sachs beteiligt, um gegenüber dem Westen aufzuholen. Inzwischen hat die chinesische Aufsichtsbehörde CIRC den heimischen Versicherern gestattet, Anteile ausländischer Finanzdienstleister zu kaufen und Niederlassungen im Ausland zu eröffnen. Der Weg auf die internationale Bühne ist damit frei. (17)

Risiken Niedrigzins und Staatsanleihen

Die jüngsten Zahlenwerke der Versicherer bestätigen einen Trend: Im Kerngeschäft, dem Verkauf von Versicherungen, läuft es eigentlich ganz gut, allerdings setzen die Turbulenzen an den Kapitalmärkten zu. Die Aktienbestände haben die Versicherer schon beim Platzen der Dotcom-Blase vor zehn Jahren abgebaut. Nun belasten die Staatsanleihen. Zahlreiche Versicherer mussten in diesem Jahr hohe Abschreibungen vornehmen. Gleichwohl drohe den deutschen Versicherer von dieser Seite her eine überschaubare Gefahr, wie Rolf-Peter Hoenen, Präsident des Gesamtverband der Deutschen Versicherungswirtschaft (GDV), erklärte. Im Frühjahr 2011 machten die Staatsanleihen aus den europäischen Krisenstaaten nur drei Prozent der Kapitalanlagen der Versicherer aus. Dennoch forderte die Allianz die Politik auf, den Spekulanten das Handwerk zu legen. Die Münchner sind insbesondere in Italien stark engagiert. Ein weiteres Risiko sind die anhaltend niedrigen Zinsen. Wenn die Notenbanken wegen der Banken- und Staatsschuldenkrise ihre lockere Geldpolitik auf Jahre hinaus fortsetzten, bedeute dies für die Versicherer Mindereinnahmen in dreistelliger Milliardenhöhe pro Jahr, warnte die Branche. (2), (5), (18)

Das Dauerthema Solvency II

Die EU-Eigenkapitalrichtlinie Solvency II ist die Dauerbaustelle der Versicherungswirtschaft. Ziel der Richtlinie ist es, die Branche transparenter und krisenfester zu machen. Die Regeln wurden nach den Erfahrungen mit der Aktienkrise der Jahre 2001 und 2002 entwickelt, nach der Finanzkrise 2008 hat man sie nochmals verschärft. Solvency II beruht auf drei Säulen: erstens einer einheitlichen Kapitalausstattung für alle europäischen Versicherer, zweitens den Regeln fürs interne Risikomanagement und drittens den Berichtspflichten an Aufsicht und Öffentlichkeit. Ursprünglich sollten ab 2013 alle europäischen Versicherer den Regeln unterworfen werden. Nun hat man den Startpunkt um ein Jahr nach hinten verschoben. Zu groß war die Kritik an der offiziell letzten Auswirkungsstudie QIS 5 ausgefallen, auch seitens der deutschen Versicherungswirtschaft. Zudem fordert die EU nun auch die Risiken von Staatsanleihen in dem Regelwerk zu berücksichtigen. Bislang ist dies nur bei Immobilien und Aktien der Fall. (19), (20)

Zahlen & Fakten

Abbildung 1: Beitragseinnahmen der deutschen Versicherungswirtschaft

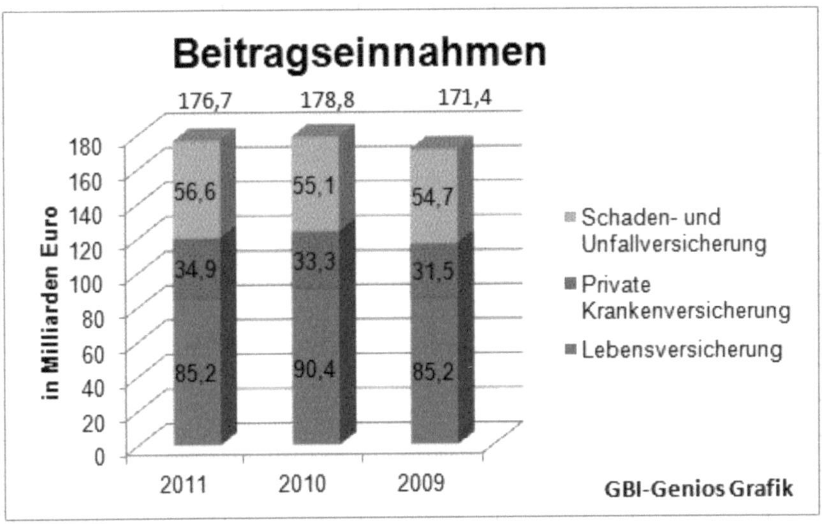

Quelle: Gesamtverband der deutschen Versicherungswirtschaft (GDV) Entnommen aus: Börsen-Zeitung, 18.11.2011, Nummer 223, Seite 5 (1)

Abbildung 2: Die größten deutschen Versicherer 2010

Versicherung	Beitragseinnahmen in Millionen Euro	Gewinn in Mill. Euro	Beschäftigte

Allianz	106.451	5.053	151.338
Munich Re	45.541	3.094	46.915
Talanx	22.869	220	16.874
Generali Deutschland	16.278	399	14.962
R+V Versicherung	11.105	301	13.009
AXA	10.413	413	11.209
Debeka	8.576	208	16.083
Versicherungskammer Bayern	7.151	120	6.501
Zurich Versicherung	6.980	235	6.061
Signal Iduna	5.645	82	13.000

Quelle: Unternehmen, Thomson Datastream
Entnommen aus: FAKT Markt- und Branchenstatistiken (22)

Abbildung 3: Die größten Versicherer Europas

Versicherung	**Land**	**Beitragseinnahmen 2010 in Milliarden Euro**	**Gewinn 2010 in Mrd. Euro**	**Beschäftigte**
Allianz	D	106,4	5,2	151.300
Axa	F	85,5	3,1	103.000
Generali	I	68,4	2	85.400
Aviva	GB	42,3	2	45.300
Zurich Financial Services	CH	37,7	2,6	54.900

CNP Assurances	F	32,3		1,3	4.500
Prudential	GB	28,6		1,7	26.000

Quelle: FAZ, eigene Berechnungen Entnommen aus: Fakt - Markt- und Branchenstatistiken (23)

Weiterführende Literatur

(1) Lebensversicherung drückt Branchenbeiträge GDV erwartet 2012 wieder wachsendes Aufkommen aus Börsen-Zeitung, 18.11.2011, Nummer 223, Seite 5

(2) Beitragseinnahmen in Leben brechen ein aus VersicherungsJournal.de, Ausgabe vom 17.11.2011:

(3) Allianz sucht Anlageprofi als Nachfolger für Achleitner aus VersicherungsJournal.de, Ausgabe vom 17.11.2011:

(4) Deutschland schreibt technisch rote Zahlen Allianz kommt im Sachgeschäft nicht voran - Asset Management übertrifft Lebensversicherung aus Börsen-Zeitung, 12.11.2011, Nummer 219, Seite 3

(5) Allianz macht gegen Spekulanten mobil Die Italien-Krise setzt Europas größtem Versicherer mächtig zu. Der Gewinn dürfte deutlich zurückgehen aus Berliner Zeitung, Ausgabe 265 vom 12.11.2011, S.

(6) Talanx verkraftet Finanzkrise besser als Allianz und Munich Re
aus Handelsblatt online vom 22.11.2011

(7) Generali Deutschland und W&W-Gruppe verkraften Krise ordentlich
aus Handelsblatt online vom 15.11.2011

(8) Ergo verdient trotz Affären 178 Millionen Euro
aus Rheinische Post Nr. 180 vom 05.08.2011

(9) Schnitt und Neubeginn bei Ergo
aus Kölner Stadtanzeiger, 24.08.2011

(10) Öffentliche Versicherer entflechten in Berlin Versicherungskammer Bayern übernimmt Feuersozietät und Öffentliche Leben vollständig - Stuttgart und Dresden geben ab
aus Börsen-Zeitung, 14.09.2011, Nummer 177, Seite 3

(11) Öffentliche Versicherer gewinnen Marktanteile
aus VersicherungsJournal.de, Ausgabe vom 01.07.2011:

(12) Munich Re überspringt Gewinnschwelle
aus manager-magazin.de vom 08.11.2011

(13) Hannover Rück besser als erwartet
aus Frankfurter Allgemeine Zeitung, 10.11.2011, Nr. 262, S. 15

(14) Wertberichtigungen drücken Generali-Gewinn 329 Mill. Euro auf Hellas-Bonds abgeschrieben

aus Börsen-Zeitung, 12.11.2011, Nummer 219, Seite 4

(15) Axa mutiert an der Börse zum Kellerkind
aus Börsen-Zeitung, 21.10.2011, Nummer 203, Seite 17

(16) US-Versicherer AIG schrieb im dritten Quartal Milliardenverlust
aus APA-JOURNAL Geld vom 04.11.2011

(17) Standpunkt: "Go West - chinesische Versicherer auf dem Weg nach Deutschland?"
aus Versicherungswirtschaft, 01.10.2011, 66.Jg., Nr. 19, S. 1404

(18) Niedrige Zinsen belasten Versicherer - Die internationalen Assekuranzen warnen vor der Politik des lockeren Geldes. Denn bei niedrigen Zinsen sinken ihre Kapitalerträge und damit die Überschüsse für die Versicherten.
aus Versicherungswirtschaft, 01.10.2011, 66.Jg., Nr. 19, S. 1404

(19) Solvency II soll krisenfester werden Eiopa-Konferenz - Risiken von Staatsanleihen sollen bei den neuen EU-Eigenkapitalregeln besser berücksichtigt werden, fordert die europäische Versicherungsaufsicht. Allianz-Vorstand Oliver Bäte schlägt vor, Staatsanleihen hoch verschuldeter Länder in verschiedene Risikoklassen einzuteilen.
aus FINANCIAL TIMES Deutschland

(20) Ein Jahr Luft für Europas Versicherer Solvency II

muss erst Anfang 2014 angewendet werden - Deutsche Assekuranz kann QIS 6 rechnen
aus Börsen-Zeitung, 14.10.2011, Nummer 198, Seite 4

(21) R+V: Beiträge und Ergebnis steigen weiter - Lebensversicherungsgeschäft rückläufig
aus Versicherungswirtschaft, 01.05.2011, 66.Jg., Nr. 09, S. 665

(22) D: Top Banken und Versicherungsgesellschaften 2010
aus Sueddeutsche Zeitung, 27.08.2011, S. 26

(23) Europa: Top 20 Kreditinstitute, Top 100 Unternehmen 2010
aus Frankfurter Allgemeine Zeitung, 06.07.2011, S. U 7

Impressum

Branchenreport VERSICHERUNGEN Ausgabe 2/2011

Bibliografische Information der deutschen Nationalbibliothek

Die Deutsche Nationalbibliothek verzeichnet diese Publikation in der deutschen Nationalbibliografie; detaillierte bibliografische Daten sind im Internet über http://dnb.d-nb.de abrufbar.

ISBN: 978-3-7379-1954-8